T 3 49 603.

PENSÉES

EXTRAITES DE LA POLITIQUE SACRÉE

DE

BOSSUET,

ET APPLICATION DE SES MAXIMES A LA CONSTITUTION
ACTUELLE DES INSTITUTIONS SOCIALES EN FRANCE.

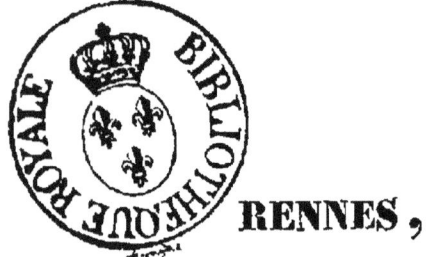

RENNES,
IMPRIMERIE DE J. M. VATAR.

1827.

PREMIÈRE PARTIE.

Pensées de Bossuet

CHAPITRE PREMIER.

Du principe de tous les Gouvernemens.

Dieu est le Roi des Rois; c'est à lui qu'il appartient de les instruire et de les régler, comme ses ministres.

Tous les hommes sont frères; l'intérêt même les unit.

La société civile, c'est-à-dire celle des Etats, des Peuples et des Nations, naît de la société générale du genre humain.

La terre qu'ils habitent ensemble sert de lien entre les hommes, et forme l'unité des Nations.

Tout se divise et se partialise parmi les hommes.

Pour former les Nations et unir les Peuples, il a fallu établir un Gouvernement.

La seule autorité du Gouvernement peut mettre un frein aux passions et à la violence devenue naturelle aux hommes.

Le Gouvernement se perpétue et rend les Etats immortels.

Il faut joindre les lois au Gouvernement, pour le mettre dans sa perfection.

Les lois sont sacrées et inviolables.

Le partage des biens entre les hommes, et la division des hommes mêmes en Peuples et en Nations, ne doit point altérer la société générale du genre humain.

Il faut être bon citoyen, et sacrifier à sa Patrie, dans le besoin, tout ce qu'on a et sa propre vie.

Les Apôtres et les premiers fidèles ont toujours été de bons citoyens.

Le genre humain a toujours conservé quelques principes de religion.

Ces principes, quoique appliqués à l'idolâtrie et à l'erreur, ont suffi pour établir une constitution fixe d'Etat et de Gouvernement

La véritable Religion étant fondée sur des principes certains, rend la constitution des Etats plus stable et plus solide.

Le Sacerdoce dans le spirituel, et l'Empire dans le temporel, ne relèvent que de Dieu ; ce sont deux puissances indépendantes, mais unies.

CHAPITRE II.

De la puissance des Gouvernemens.

Le premier empire parmi les hommes est l'empire paternel.

Il s'établit pourtant bientôt des Rois, ou par le consentement des peuples ou par les armes.

La monarchie est la forme de gouvernement la plus commune, la plus ancienne, et aussi la plus naturelle.

De toutes les monarchies, la meilleure est la successive ou héréditaire, surtout quand elle va de mâle en mâle, et d'aîné en aîné.

Il y a quatre caractères ou qualités essentielles à l'autorité royale : elle est sacrée, paternelle, absolue, et soumise à la raison.

L'autorité royale est sacrée, parce que les Rois sont les Ministres de Dieu, et ne doivent employer leur puissance qu'au bien public.

L'autorité royale est paternelle, parce que les Rois doivent pourvoir aux besoins du peuple, et surtout à ceux des faibles.

L'autorité royale est absolue et non arbitraire, parce que, sans cette autorité absolue, les Rois ne peuvent ni faire le bien ni réprimer le mal.

Il n'y a point de force coactive contre le prince, mais les Rois ne sont pas pour cela affranchis des lois.

L'autorité royale est soumise à la raison, parce qu'un gouvernement est un ouvrage de raison et d'intelligence, et que tout se fait parmi les hommes par l'intelligence et par le conseil.

On doit au Prince les mêmes services qu'à sa patrie.

Il faut servir l'Etat comme le Prince l'entend; et ceux qui pensent servir l'Etat autrement qu'en servant le Prince, et en lui obéissant, s'attribuent une partie de l'autorité royale, et troublent la paix publique.

Il n'y a qu'une exception à l'obéissance qu'on doit au Prince, c'est dans le cas seul où il commanderait un acte contraire à loi de Dieu.

L'impiété déclarée, et même la persécution, n'exemptent pas les sujets de l'obéissance qu'ils doivent aux Princes, et ils n'auraient à leur opposer que des remontrances respectueuses, sans mutinerie et sans murmures.

Dieu veut que les peuples s'aguerrissent, et qu'ils apprennent, eux et leurs enfans, à combattre leurs ennemis.

Dieu veut aussi qu'ils se forment à toutes les vertus militaires, et qu'ils apprennent à préférer la gloire à la vie, à courir même à une mort certaine, à être modérés dans la victoire, à faire la guerre équitablement, et à ne point se rendre odieux dans une terre étrangère.

CHAPITRE III.

De la justice des Gouvernemens.

La justice appartient à Dieu, et c'est lui qui la donne aux Rois.

Sous un Dieu juste, il n'y a point de puissance qui soit affranchie par sa nature de toute loi naturelle, divine ou humaine.

Il y a parmi les hommes une espèce de Gouvernement que l'on appelle arbitraire, mais qui ne se trouve point parmi nous, dans les Etats parfaitement policés.

Dans un Gouvernement légitime les personnes sont libres, et les propriétés sont inviolables.

La loi donne la règle ; et les jugemens en font l'application aux affaires et aux questions particulières.

Le premier effet de la justice et des lois est de conserver, non seulement à tout le corps de l'Etat, mais encore à chaque partie qui le compose, les droits accordés par les princes précédens.

Le Prince établit des tribunaux ; il en nomme ses sujets avec grand choix et les instruit de leur devoirs.

Les juges doivent écouter le peuple, prononcer ce qui est juste, entre le citoyen ou l'étranger, sans distinction de personnes, jugeant le petit comme le grand, parce que c'est le jugement du Seigneur qui n'a nul égard aux personnes.

Les trois vertus principales qui doivent accompagner la justice sont : la constance, la prudence et la clémence.

Mais lorsque les crimes se multiplient la justice doit devenir plus sévère.

Les obstacles à la justice sont : la corruption, la prévention, la paresse, la précipitation, la pitié, la rigueur, la colère, les cabales et la chicane.

Qui aime les procès aime sa ruine, et la justice doit les réprimer pour son propre bien, ainsi que pour celui des autres.

Il faut régler les procédures de la justice.

Ce n'est pas assez d'avoir bon droit il faut encore le poursuivre par les bonnes voies, sans fraude, sans détour, sans violence, sans se faire justice à soi-même, mais en l'attendant de la puissance publique.

CHAPITRE IV.

De la bonté des Gouvernemens.

La fin du Gouvernement est le bien et la conservation de l'Etat.

Pour le conserver, il faut :

1.° Y entretenir au dedans une bonne constitution ;

2.° Profiter des secours qui lui sont donnés ;

3.° Sauver les inconvéniens dont il est menacé.

Les secours nécessaires aux Gouvernemens sont les armes, les conseils et les richesses ou les finances.

Il y a des dépenses de nécessité, de splendeur et de dignité.

Un Etat florissant est riche en or et en argent, et c'est un des fruits d'une longue paix.

Dans tous les Etats, le peuple contribue aux charges publiques, c'est-à-dire, à sa propre conservation; et cette partie qu'il donne de ses biens, lui en assure le reste, avec sa liberté et son repos.

Les richesses naturelles sont celles qui fournissent à la nature ses vrais besoins. La fécondité de la terre et celle des animaux est une source inépuisable des vrais biens ; l'or et l'argent ne sont venus qu'après pour faciliter les échanges.

Mais les vraies richesses d'un Royaume sont les hommes ; la gloire et la dignité du Gouvernement est la multitude du peuple ; sa honte est de le voir amoindri et diminué par sa faute.

L'oisiveté doit être odieuse, et on ne la doit point laisser dans la jouissance de son injuste repos.

Il faut avoir soin des mariages, rendre facile et heureuse l'éducation des enfans, et réprimer le luxe.

La modestie, la frugalité et l'épargne conduite par la raison, est la principale partie de la richesse.

Les Conseillers des Princes doivent être choisis avec discrétion, et avoir passé par beaucoup d'épreuves.

Les bons succès sont souvent dus à un sage Conseiller.

La grande sagesse consiste à employer chacun selon ses talens.

Tout Empire doit être regardé sous un autre Empire supérieur et inévitable, qui est l'Empire de Dieu.

Dieu fait des exemples sur la terre ; il punit par miséricorde.

Les Gouvernemens doivent respecter le genre humain, et révérer le jugement de la postérité.

SECONDE PARTIE.

Application des maximes de Bossuet a la constitution actuelle des institutions sociales en France.

CHAPITRE PREMIER.

Des institutions relatives à la Religion et à l'Instruction publique.

La Religion catholique, apostolique et romaine est la Religion de l'Etat.

Elle est la Religion de l'Etat, non seulement parce qu'elle est la Religion de nos Pères et de l'immense majorité des Français, parce quelle a reçu nos premiers sermens, civilisé la France, et aboli l'esclavage ;

Mais encore, parce que seule elle a conservé dans toute leur étendue le dépôt des traditions divines et des vérités éternelles qu'elle doit transmettre intact aux dernières générations humaines;

Parce que seule aussi elle a proclamé, à la fondation du Christianisme, les droits sacrés que Dieu a accordé à tous les hommes, et dont notre

Charte Constitutionnelle garantit l'exercice à tous les Français :

1.° l'égalité absolue devant la loi quels que soient d'ailleurs leurs titres et leurs rangs, parce qu'ils sont tous frères par leur origine commune, et qu'ils ont aussi une destination commune, comme membres de l'Eglise catholique, ou de la société universelle du genre humain.

2.° La sureté individuelle, ou la liberté dans ses actions et dans l'expression de ses pensées.

3.° La propriété ou la garantie des droits particuliers que chaque citoyen a acquis par son travail, ou qui lui ont été légalement transmis ou concédés.

4.° La liberté publique, ou l'admissibilité à tous les emplois religieux, politiques, civils ou administratifs, en remplissant seulement les conditions générales d'age, d'instruction, de fortune et de vertus publiques que la loi établit également pour tous, dans l'intérêt général de la société.

Tout ce qui concerne l'enseignement de la doctrine chrétienne et la discipline particulière de l'Eglise catholique, est irrévocablement fixé par ses lois particulières.

Mais aussi tout ce qui a rapport à la police extérieure du culte public, à la dotation des édifices qui lui sont consacrés, et au traitement de ses ministres, est exclusivement du ressort de la puissance temporelle, et ne peut être réglé que par les lois de l'Etat.

Les différens traités qui ont été conclus entre le Souverain Pontife et le Gouvernement Français font partie des lois de l'Etat, et ils ont reconnu et adopté le seul principe nécessaire pour fixer les rapports qui doivent exister entre ces deux puissances.

Le Roi nomme à tous les archevêchés et évêchés vacans, comme à tous les emplois de l'administration publique, et le Souverain Pontife confère aux titulaires nommés par le Roi, l'institution canonique.

Nul prétexte à de nouvelles querelles entre le Sacerdoce et l'Empire, et encore moins entre les ultramontains et les gallicans. Tout est clairement déterminé par nos lois politiques et des traités solennels, parfaitement conformes à la véritable doctrine de l'Eglise.

Il ne peut exister également aucun prétexte à de nouvelles discussions théologiques ou scolastiques, puisque les règles de la foi et du culte catholique sont clairement établies dans un catéchisme commun à toute la France, rédigé d'après la doctrine des anciens Pères de l'Eglise et de celui qui en a été appelé le dernier, approuvé par le Souverain Pontife, et dont il suffisait d'en retrancher une page, comme on a changé quelques formules dans nos Codes sans les altérer dans leurs dispositions essentielles.

Si l'exercice public des autres cultes chrétiens qui existaient en France à l'époque de la promulgation de la Charte a été maintenu c'est parce que les Français qui en faisaient profession y avaient un droit acquis dont ils n'auraient pas pu être dépouillés sans injustice.

Au reste chacun peut professer sa religion dans l'intérieur de sa famille avec une égale liberté et sous la même protection ; mais d'après les lois de toutes les Nations, aucune société, aucune réunion publique de quelque nature et pour quelque objet que ce soit, religieux, litteraire, politique ou commercial ne peuvent être formées que d'après l'autorisation spéciale du Gouvernement qui peut et qui doit même poursuivre toute doctrine impie, séditieuse et contraire à la raison ou à la morale universelle, toute pratique dégradante pour l'humanité, toute violation des lois générales de l'Etat.

Tous les Français ont aussi le droit de publier et de faire imprimer leurs opinions ; mais en se conformant aux lois qui doivent reprimer l'abus de cette liberté.

Tous peuvent donc également contribuer aux progrès des sciences et des lettres, au perfectionnement de l'industrie et des arts, à l'amélioration des lois civiles et de l'administration de leurs intérêts communs.

Mais aussi cette censure publique, cette magistrature volontaire, si belle, si honorable doit être soumise à des réglemens positifs qui préviennent et qui punissent sévèrement les abus d'une liberté qui pouvait être si utile, qui a été consacrée avec tant de confiance et de générosité, mais dont on a souvent abusé avec tant d'ingratitude et de mauvaise foi.

CHAPITRE SECOND.

Des institutions relatives au Gouvernement et à la puissance publique.

Comme il n'y a qu'une seule foi parmi les hommes instruits et sincèrement religieux, il ne doit y avoir qu'un seul Roi dans un bon gouvernement.

Le Roi est en France le seul représentant héréditaire de la Nation, et en cette qualité, la source de tous les pouvoirs civils et politiques, et le souverain législateur de son royaume.

Sa personne est inviolable et sacrée, et l'ordre de la succession à la Couronne est invariablement fixé dans son auguste Famille.

Le Roi est en même tems le chef suprême de l'Etat et le seul organe de la Nation dans ses relations avec les Puissances étrangères.

Il commande les forces de terre et de mer, nomme à tous les emplois de l'administration publique, et a le droit de faire grâce et de commuer les peines.

Mais sous ces derniers rapports, comme dans tous les actes de l'administration publique, il ne peut agir que par l'intermédiaire de Ministres responsables qu'il nomme et révoque à sa volonté.

C'est au Roi seul qu'il appartient de déterminer les attributions qu'il juge convenable de déléguer spécialement aux Ministres honorés de sa confiance ;

Soit qu'il se borne à les appeler à ses conseils pour délibérer sur toutes les affaires relatives à la haute administration de l'Etat, la rédaction définitive des projets de lois et d'ordonnances, et la nomination, la révocation ou la mise en jugement des différens fonctionnaires publics ;

Soit qu'il se borne à les charger de la direction suprême d'un des différens départemens de l'administration générale de l'Etat.

Mais ils n'en sont pas moins constitutionnellement responsables des délits qu'ils pourraient commettre dans l'exercice de leurs fonctions, et la loi a déterminé leurs accusateurs et leurs juges.

Si le pouvoir royal dont tout émane, et le pouvoir exécutif, sans l'action journalière duquel l'Etat tomberait en dissolution, sont déterminés et constitués avec tant de sagesse et de clarté, la puissance législative qui est le troisième caractère de la Souveraineté, est également soumise à des formes protectrices de tous les droits publics des Français.

La Chambre des Pairs est spécialement chargée du dépôt des lois qui constituent la Monarchie Française, et de la conservation de ses institutions fondamentales.

Son premier devoir est de repousser toutes les innovations dangereuses que la malveillance ou un zèle irréfléchi pourraient proposer ; mais elle est également destinée à seconder par son suffrage toutes les améliorations qui ne portent aucune atteinte à des droits légitimement acquis.

Plus rapprochée des besoins du peuple, la Chambre des Députés est particulièrement destinée à les faire connaître et à concourir aux moyens de les soulager.

Nommés par la confiance si honorable de leurs concitoyens, quand elle est libre et éclairée ;

Appelés à exercer le ministère gratuit d'une censure sage et modérée sur tous les actes de l'administration, leur premier devoir est, ainsi que celui des juges qui remplissent une fonction à peu près semblable dans le sanctuaire des lois; de n'écouter jamais ni la crainte, ni l'affection; de ne se décider que d'après leur conscience et leur intime conviction; de ne connaître d'autre parti, de n'adopter d'autre côté que celui du Roi et de la justice, et surtout de ne pas rallumer des divisions dans une Nation dont l'immense majorité regrette d'avoir été si long-tems victime, et n'aspire qu'au repos et à cette paix qui, d'après les oracles de la religion et de la raison est l'apanage exclusif des hommes de bonne volonté.

Ainsi notre constitution politique qui seule peut convenir aux peuples éclairés, qui a existé sous différentes formes chez toutes les Nations civilisées, est encore la seule qui, d'après la belle pensée de Blakstone, se rapproche du plan qui nous a été révélé par Dieu même;

Par cette souveraine intelligence qui a tout créé par sa puissance;

Qui conserve et répare tout par sa sagesse et par sa justice;

Qui vivifie et qui perfectionne tout par sa bonté infinie qui s'étend sur toute la nature.

Voyez les notes à la fin de l'ouvrage, pages 29 et suivantes.

CHAPITRE III.

Des Institutions relatives à la Magistrature et à la justice publique.

Il n'y a plus qu'une seule Loi en France, comme il n'y a qu'une seule Foi sur toutes les vérités morales et politiques, et un seul Roi à la tête du Gouvernement.

Cette loi commune à tous les Français, consignée dans les différens codes que le Roi législateur a adoptés et maintenus, n'est point athée et révolutionnaire, comme l'ignorance ou la mauvaise foi l'ont prétendu.

C'est encore un nouveau bienfait du Christianisme et des progrès des lumières.

Fondée sur la raison éternelle, c'est le résultat des travaux des jurisconsultes chrétiens qui avaient mis en ordre le droit romain, de tous les publicistes éclairés qui avaient indiqué depuis long-tems les réformes et les améliorations que réclamaient les lois civiles et les institutions judiciaires auxquelles les Nations de l'Europe avaient été soumises pendant les siècles d'ignorance et de barbarie, et enfin des Domat, des Pothier et de tant d'illustres magistrats français, aussi connus par leur attachement sincère à la Religion Catholique, que par l'étendue de leurs lumières.

Sans doute on peut y trouver encore quelques dispositions particulières qui demandent à être changées ou modifiées; mais elles ne doivent pas servir de prétexte pour les calomnier, affaiblir le respect qui leur est dû, comme à toutes nos autres institutions sociales, et apprendre aux citoyens à devenir parjures en violant le serment qu'ils ont fait de leur obéir.

Si l'institution des jurés est conservée par la Charte constitutionnelle, déjà plusieurs lois ont apporté à notre Code pénal les changemens que l'expérience avait fait juger nécessaires ; on peut sans doute en adopter quelques autres, mais il suffirait peut-être de faire exécuter le titre sixième du Code d'instruction criminelle, relatif aux Cours spéciales, pour faire disparaître la plupart des inconvéniens qu'on a attribués à l'institution des jurés, dont ce titre était le complément nécessaire.

L'expérience de tous les siècles et de tous les pays avait proclamé la nécessité de cette institution spéciale.

Sous les titres précédens, qui règlent le droit commun, la loi s'était occupée plus particulièrement des intérêts privés et de la sureté des individus.

Dans le sixième titre, qui établit l'exception, la loi s'était occupée plus essentiellement de la société considérée en masse, en poursuivant par des moyens plus répressifs, soit certains crimes, quels qu'en soient les auteurs, parce que ces crimes, tels que la rebellion armée et la fausse monnaie, troublent et désorganisent l'ordre social; soit certaines classes d'individus, quels que soient leurs crimes, parce que les accusés vagabonds ou déjà repris de justice, sont en guerre ouverte avec la société, et devraient être traités par elle moins comme des criminels que comme des ennemis armés pour sa destruction.

Il est évident que ce titre ne contenait rien de contraire à la Charte constitutionnelle, qui l'avait maintenu, comme toutes les autres lois en vigueur à l'époque de sa promulgation; on ne l'avait supposé que par des motifs particuliers, pour préparer l'établissement des Cours prévôtales, dont l'expérience et le tems ont bientôt démontré l'inutilité, et pour amener la destruction même de l'institution des Jurés;

Institution qui remonte cependant aux premiers tems de la monarchie, où tout homme devait être jugé par ses Pairs;

Institution qui appèle tous les citoyens à surveiller par eux-mêmes l'administration de la justice dans l'objet le plus important pour eux, la conservation de leur vie, de leur honneur et de leur fortune ;

Institution qui, par sa publicité et le bon choix des Jurés, les met à l'abri de l'injustice ou de l'erreur, et qui était réclamée depuis long-tems par tous les hommes éclairés de l'Europe, et surtout par les Magistrats, effrayés des dangers auxquels leur conscience était exposée par le vice des anciennes formes de la justice criminelle, et les dispositions vagues, obscures et arbitraires de nos lois pénales.

CHAPITRE IV.

Des institutions relatives à l'administration et à l'économie politique.

Il ne suffit pas, dans la marche progressive de la civilisation des Peuples, qu'ils soient soumis à la même foi, au même Roi et à la même loi; ils doivent encore être réunis par un intérêt commun, *uná re publicá.*

L'unique objet de la quatrième division de nos institutions sociales, sur l'organisation définitive de laquelle on a annoncé depuis long-tems une loi, est de *réparer*, de *féconder* et de *surveiller*.

Et relativement à cet objet si important, la Charte a encore établi en France cette unité, fondement de toutes les institutions raisonnables et conformes à la nature des choses.

La richesse publique n'est plus détournée de sa destination générale, par ce grand nombre d'affectations particulières qui en embarrassaient la surveillance et la juste distribution.

Elle n'est établie que sur les domaines de l'Etat et sur les contributions publiques librement consenties, et réparties proportionnellement.

Leur administration et leur perception n'ont plus le caractère d'une entreprise, d'un bail ou d'une régie intéressée ; et elles ont acquis le noble caractère d'une véritable magistrature ou fonction publique, consacrée à l'exécution régulière des lois relatives aux finances.

Leur emploi est également déterminé par des lois spéciales qui ne permettent de les affecter qu'aux quatre objets suivans :

1.° Indemnité légitime pour tous les services actifs rendus à l'Etat, de quelque nature qu'ils soient, et proportionnée à l'importance et à l'utilité des différentes fonctions publiques ;

2.° Récompense assurée pour tous les services anciennement rendus, lorsque l'âge ou les infirmités empêchent de les continuer ;

3.° Entretien de tous les établissemens consacrés à l'utilité et à la bienfaisance publique ;

4.° Encouragemens dus à l'industrie agricole ou commerciale, et aux beaux arts.

Si les différentes administrations chargées de remplir des devoirs aussi intéressans pour la société entière, sont maintenant soumises à des lois fixes et connues, par le bienfait de ces mêmes lois, tous les citoyens sont également appelés à les seconder par le tribut volontaire de leurs lumières et de leurs vertus.

Tel est l'objet de l'établissement des Conseils généraux de département et d'arrondissement, et particulièrement des Conseils municipaux, qui ne forment qu'une simple association de citoyens uniquement chargés d'exprimer des vœux et de former des réclamations sur tous les objets régulièrement soumis à leurs délibérations, mais sans pouvoir néanmoins exercer aucune autorité administrative.

D'après des lois existantes et non abrogées, ils devaient être désignés par le suffrage de leurs concitoyens, qui ne pouvaient les choisir que parmi ceux qui remplissaient des conditions générales et très-sages, déterminées par ces mêmes lois. Leurs dispositions ne portaient aucune atteinte aux droits du Gouvernement, qui pouvait seul les nommer définitivement ; mais elles servaient à éclairer son choix, et pouvaient ajouter à l'influence morale que doivent exercer les personnes chargées d'une mission aussi utile et aussi honorable:

Ainsi nous sommes parvenus au terme que tous les publicistes éclairés, et le grand Bossuet, avaient indiqué comme le dernier degré de perfection de tous les Gouvernemens.

Unité de foi, de Roi, de loi et d'intérêt; puissance sacrée, paternelle, absolue, et soumise à la raison;

Magistratures inamovibles, mais dont toutes les attributions sont exactement déterminées, et qui sont soumises elles-mêmes à une surveillance et à une censure légale;

Et enfin, admission de tous les citoyens à concourir

Aux progrès des lumières par leurs écrits;

A la défense et à la sureté de l'Etat, comme gardes nationales;

A la bonne administration de la justice, comme jurés;

A la surveillance de leurs intérêts communs, comme députés et membres des différens conseils intermédiaires établis par les lois.

CONCLUSION.

Chaque Nation, comme chaque individu, a reçu une mission qu'elle doit remplir.

Celle de la France était marquée par l'heureuse fertilité de son territoire, par sa situation entre les deux mers qui ont uni l'ancien et le nouveau monde, et surtout par les progrès qu'elle avait faits dans tous les arts de la civilisation, et par lesquels elle exerçait sur l'Europe une véritable magistrature.

Nulle part les sciences religieuses, philosophiques et littéraires n'avaient eu tant d'éclat.

Les exploits de ses armées dans les tems anciens et modernes, ont montré tout ce que le courage, le génie et le dévouement militaires peuvent produire de grand et d'héroïque.

Depuis la rédaction par écrit de nos anciennes Coutumes, et leur perfectionnement par l'application des principes du Droit Romain, nos Rois avaient établi et développé l'ordre judiciaire par des ordonnances, dont rien n'avait encore surpassé la sagesse, et qui avaient multiplié les richesses de la France, en favorisant le commerce et tous les genres d'industrie.

Il ne leur restait plus, pour assurer la stabilité de leur gouvernement et la prospérité de leurs peuples, qu'à franchir le dernier dégré de la civilisation par l'établissement d'une Constitution qui fondât la liberté publique sur une base assurée, et mît toutes nos anciennes institutions en harmonie avec l'état actuel de la Nation, et les effets toujours croissans du progrès des lumières.

Mais ce n'est que lorsque la sagesse des Rois s'accorde librement avec le vœu des peuples, qu'une Charte constitutionnelle peût être de longue durée; et elle doit lier tous les souvenirs à toutes les espérances, en réunissant les tems anciens et les tems modernes. (*Préambule de la Charte.*)

L'immense majorité des Français est toujours animée par le sentiment profond et éclairé de justice et de raison qui les conduit vers le dernier terme de perfection et de bonheur, que l'Auteur de la nature a fixé aux sociétés humaines, malgré les divisions d'opinions ou d'intérêts qu'ont fait naître les diverses révolutions que nous avons éprouvées.

On a souvent accusé de frivolité et de légèreté le caractère ou l'esprit public de la Nation Française, parce qu'il ne devait se fixer définitivement que par l'établissement ou plutôt par le complément des institutions nécessaires, pour qu'elle pût remplir dans toute son étendue la mission spéciale qui lui était réservée.

Au reste, *être ou ne pas être*, telle est la question à laquelle tout se réduit aujourd'hui.

La France donnera-t-elle au monde l'exemple de la sage régénération politique qui peut seule prolonger la durée des Nations, ou ne laissera-t-elle aux générations futures qu'un nouvel exemple des malheurs qui les attendent, lorsqu'elles s'écartent de la route qui leur est tracée ?

Si les principes que j'ai exposés étaient reconnus conformes à la véritable doctrine de l'Eglise et des anciens Magistrats Français, je soumettrais avec confiance au public leurs développemens et les détails d'exécution relatifs à quelques-uns des objets que j'ai dû me borner à indiquer.

Rien ne serait plus inutile, dans le cas où les principes même qui leur serviraient de base, ne seraient pas admis.

NOTE

Extraite des Commentaires sur les Lois Anglaises, par Blackstone.

INTRODUCTION.

SECTION SECONDE.

De la nature des lois en général.

Le Créateur est un Être non seulement infiniment puissant et infiniment sage, mais encore infiniment bon.

En général, tous les hommes conviennent que le Gouvernement doit être confié aux personnes dans lesquelles on peut espérer plus vraisemblablement de trouver les qualités dont la perfection caractérise les attributs de l'Être suprême, ou les trois grandes conditions de Sagesse, de Bonté et de Puissance :

De Sagesse, pour discerner les vrais intérêts de l'Etat ;

De Bonté, pour diriger toujours tous leurs efforts vers ses intérêts réels ;

Et enfin de Puissance ou de Pouvoir, pour mettre en action ces connaissances et ces intentions.

Tels sont les fondemens naturels de la Souveraineté, et les conditions qu'on doit trouver dans toutes les formes d'un Gouvernement bien constitué.

La manière dont les différentes formes de Gouvernement que nous voyons maintenant dans le monde ont commencé, présente beaucoup d'incertitudes, et a donné lieu à beaucoup de discussions, que mon intention n'est pas d'examiner.

Mais de quelque manière qu'ils aient commencé, et quel que soit le droit par lequel ils existent, il y a et il doit y avoir dans tous une Autorité suprême, irrésistible, absolue et inviolable, dans laquelle réside le droit de Souveraineté.

Et cette autorité est placée dans les personnes où l'on peut espérer plus vraisemblablement de trouver les trois qualités requises pour exercer les pouvoirs publics, d'après l'opinion des Fondateurs des Etats respectifs, soit qu'ils l'aient exprimée formellement, ou tacitement fait connaître.

Les Ecrivains politiques de l'antiquité ne reconnaissaient que trois formes régulières de Gouvernement, qui avaient leurs avantages et leurs inconvéniens.

La démocratie était mieux calculée pour déterminer le véritable objet des lois, ou la fin que le Gouvernement doit se proposer ;

L'aristocratie, pour déterminer les moyens par lesquels leur objet peut être plus sûrement rempli ;

La monarchie, pour mettre ces moyens à exécution.

Aussi Ciceron déclare que l'Etat le mieux constitué est celui où ces trois formes sont confondues et mutuellement tempérées.

NOTE

Extraite des principes de Fénélon sur la souveraineté, tirés d'un essai sur le Gouvernement civil, par M. de Ramsay.

Ces pensées de Blackstone sont parfaitement conformes à celles que Bossuet avait dévoloppées dans sa politique sacrée, et aux principes de Fénélon.

D'où il résulte également :

Que toutes sortes de Gouvernemens sont bons quand ceux qui gouvernent suivent la grande loi du bien public ;

Que la liberté sans ordre est un libertinage qui attire le despotisme ;

Que l'ordre sans la liberté est un esclavage qui se perd dans l'anarchie.

C'est par ces maximes, qui conviennent également à tous les Etats, que le sage Fénélon cherchait le bonheur de sa patrie. En conservant la subordination des rangs, il conciliait la liberté du peuple avec l'obéissance due aux Souverains, et rendait les hommes tout ensemble bons citoyens et fidèles sujets, soumis sans être esclaves, libres sans être effrénés.

Le pur amour de l'ordre était la source de ses vertus politiques, aussi bien que de toutes ses vertus religieuses ; la même *unité* de principe régnait dans tous ses sentimens.

Il établit aussi, comme principes fondamentaux de sa doctrine,

Que les hommes naissent sociables par la loi commune et immuable de leur nature intelligente, mais qu'ils naissent tous aussi plus ou moins inégaux en facultés physiques ou intellectuelles;

Que la sagesse, la vertu et la valeur donnent un droit naturel à la préférence;

Que le Gouvernement est absolument nécessaire pour régler la propriété des biens et le rang que chacun doit tenir dans la société, afin que tout ne soit pas en proie à tous, et que chacun ne soit pas l'esclave de tous ceux qui sont plus forts que lui;

Que les Souverains n'ont de droit sur les actions, les personnes et les biens de leurs sujets, qu'autant qu'il est nécessaire pour le bien public;

Que les trois grands droits de la Souveraineté, savoir, le pouvoir militaire, le pouvoir législatif, et le pouvoir de lever des subsides, doivent être tellement réglés, qu'on ne puisse pas en abuser facilement;

Que le Gouvernement qui les réunit a tous les avantages qu'on trouve, 1.º dans l'unité de la Puissance suprême, pour exécuter promptement les bonnes lois;

2.º Dans la sagesse des Conseillers choisis pour les faire;

3.º Dans le consentement du peuple à l'établissement des lois nouvelles et des subsides extraordinaires.

www.ingramcontent.com/pod-product-compliance
Lightning Source LLC
Chambersburg PA
CBHW060606050426
42451CB00011B/2104